DE MONTAIGNAC.

Ribis à Sedan.

GÉNÉALOGIE

DE LA MAISON

DE MONTAIGNAC,

OU

DE MONTAGNAC,

DRESSÉE PAR CHERIN,

Généalogiste des Ordres de la Maison du Roi, et conservée au cabinet des titres de la Bibliothèque Royale.

SEDAN.

G. DEMEURAT, IMPRIMEUR, RUE MAQUA, 7.

1856.

DE MONTAIGNAC.

Limousin. — Marche. — Auvergne. — Lorraine.

Marquis DE MONTAIGNAC, DES LIGNIÈRES ET D'ESTANÇANNES. — *Comtes* DE CHAUVANCE, DE CLUYS, DE LA ROCHEBRIANT ET DE CHAMFERRAT. — *Barons* DE L'ARFEUILLÈRE, DE BORD ET D'AUBIÈRES.

Seigneurs des terres, fiefs et seigneuries rapportées ci-après :

Anteyrat.	Marceillac.
Beaulieu.	Montmoirat.
Boignac.	Peuchant.
La Couture.	Le Plaix.
La Moncelle.	Puy-la-Mote.
La Farge.	Roche-Neuve.
Lesparre.	Saint-Etienne.
Ludais.	Saint-Sandoux.
Margarine.	Saint-Yrieix.

ARMES : De sable au sautoir d'argent accompagné de quatre molettes d'éperon d'or ;

L'écu timbré d'un casque taré de front armé de ses lambrequins, ayant pour cimier un lion de gueules tenant de la pate dextre une épée d'argent garnie d'or ;

Supports : deux griffons tenant chacun une bannière de sable au sautoir d'argent ;

Devise : *Pro fide et patriâ.*

Cette maison, dont le nom s'écrit aussi Montagnac, se rencontre dans les anciens actes sous ces différentes formes de Montiniaco, de Montaniaco, de Montenliaco (XIIe siècle). Et plus tard : de Montaignat, de Montagnat et de Montaniat, est de la plus ancienne noblesse du Limousin et de la Marche. — Elle tire son nom de la seigneurie de Montaignac, paroisse de Saint-Hyppolite, diocèse de Limoges, et a possédé plus de vingt autres fiefs considérables, la plupart titrés. Elle ne s'est pas moins distinguée par ses services militaires que par ses alliances avec la plus pure noblesse du royaume, alliances parmi lesquelles elle en compte plusieurs avec la maison royale de France.

Au nombre des personnages qui ont particulièrement illustré le nom de Montaignac, nous citerons un chevalier croisé en 1096, deux autres chevaliers à la première croisade de saint Louis en 1249 et 1250, deux capitaines de cent hommes d'armes au moyen-âge, un maréchal général des logis, un mestre de camp, trois colonels et un grand nombre d'officiers supérieurs de toutes armes. — Un gouverneur de Milan, un lieutenant au gouvernement du Languedoc, un ambassadeur en Portugal, un chambellan et plusieurs gentilshommes de la maison du roi, des officiers de la marine royale, un grand nombre de chevaliers de Saint-Louis.

Il est peu de familles en France qui aient donné autant de dignitaires à l'ordre de Malte. MM. de Montagnac y compte en effet un grand maréchal et gouverneur de Malte, grand prieur d'Auvergne, qui fut élu grand maître, et refusa cette suprême dignité, un autre maréchal de l'ordre, neuf commandeurs et huit chevaliers. Cette maison compte aussi un chevalier des ordres du roi reçu en 1666.

La maison de Montaignac a été admise aux honneurs de la cour à la fin du siècle dernier.

Parmi les alliances qu'elle a contractée nous citerons celles de :

D'Arnoux.
De Bar.
De Barathon.
Bazin de Puyfoucaud.
De Beaucaire.
De Beaune.
De Beinac.
De Bernet.
De Bernon.
Le Bigot de Gastine.
De Broglie.
De la Buxière.
Cadier de Vos.
De Cazamajor de Montclarel.
De Chabannes.
De Chapt de Rastignac.
De Chassagne.
De Chateauvieux.
Chaton des Morandais.
De Codertz.
De Coudenhou.
De Couzié.
De Courtenay.
Des Couts.
De Damoiseau.
Durand de Villers.
De Durat.
De l'Ecluse.
De Fougères.
De Fougières de Vaseille.
De Fournoulx.
De Fricou.
Gaillard de Ferré-D'auberville.
De Gallier de St-Sauveur.
De Gaucourt.
De Golbéry.
De Gontaut.
De Lagrange.
Hugon du Prat.
De Jounac.
De Kergoradec.
De Liège.
De Limailles.
De Lastic.
De Lespinasse.
De l'Estrange.
De Lordas.
De Macon.
De Malheret.
Comtes de la Marche.
Comtes de Périgord.
Meuron de Bord.
De Montagu.
De Montgommery-Comte d'Alençon.
De Monluc.
De la Mousse.
De Noailles.
Perrot d'Estivareilles.
Du Peschin.
De Préval.
De Raffin.
Du Rotois.
De la Rochebriant.
Du Rouillac.
De St-Julien.
De Sedières.
De Thianges.
De Thonnet.
De Valicourt.

La maison de Montagnac était déjà illustre au Xme siècle. On voit en effet Aïna fille de Gérard de Montaignac épouser, en 1040, Audebert comte de la Marche et de Périgord.

Almodis, leur fille, épousa Roger de Montgommery, comte d'Alençon (de la seconde race) de Lancastre, d'Arundel et de Shrewsburg, lequel était, par sa mère, cousin germain de Robert II, duc de Normandie. — Il commandait l'avant garde de Guillaume-le-Conquérant à la bataille d'Hastings le 14 octobre 1066. (Voir l'*Histoire Généalogique de la maison de France*, T. III).

Pierre-Bernard de Montaignac prit part à la première croisade en 1096 ; il suivit outre-mer Raymond de St-Gilles, comte de Toulouse et Adhémar de Monteil, évêque du Puy, légat apostolique. (*Histoire de la Marche*, T. II. p. 30).

En 1246 Guy de Montaignac, chevalier, et Agnès sa femme passent un accord avec Guy, comte de Forez.

Renaud de Montaignac, chevalier, se trouva à la même croisade. Par un acte latin daté d'Acre, au mois de juin 1250, il contracta avec Hardouin de Pérusse des Cars, Armard du Bois et Thibaut de Chasteignier, comme lui chevalier de la langue d'Oc, un emprunt de 200 livres tournois envers des marchands Génois sous la garantie d'Alphonse comte de Poitiers. Cet acte, rapporté page 44 de l'*Armorial des Croisades*, est aux mains du duc des Cars :

« Universis presentes litteras inspecturis, notum sit » quod nos *Reginaldus de Montaniaco*, Arduinus de » Perussa, Armandus de Bosco, et Theobaldus Chastei- » gner, milites, habuinus et recepimus in pecuniâ

» numeratâ et legali à Scipione de Maferio et Castellino
» de Piliasta, civibus et mercatoribus januensibus,
» ducentas libras turonenses, que nobis mutuate fue-
» runt ad instanciam illustrissimi domini nostri Alfonsi,
» comitis Pictaviensis et Tholosani, pro nobis ergà
» dictos mercatores plegii et garantizatoris constitui,
» mediante omnium bonorum nostrorum obligatione
» ipsi domino comiti facta. Et nos de dicta quantitate
» tenemus plenarie pro pagatis et ipsos mercatores de
» dictâ pecuniâ liberamus et quietamus. Datum apud
» Accon, sub Sigillo prefati *Reginaldi de Montaniaco*,
» anno domini millesimo ducentesimo-quinquagesimo
» mense junii. »

En 1272, Hugues de Montagnac ou de Montaignac, damoiseau, et Guigone son épouse, changent divers fiefs seigneuriaux avec Guigon, chevalier.

En 1290, Guichard, sire de Montaignac, chevalier, transige avec Artaud, seigneur de Rossilion et d'Annonay, sur diverses contestations qui existaient entre eux.

En 1291, Guillerm de Montaignac est témoin dans une charte de la comtesse de Rhodez (Baluse—*Histoire de la maison d'Auvergne*. — Preuves).

Une généalogie dressée par Chérin, généalogiste des ordres du roi, et conservée au cabinet des titres de la Bibliothèque Royale, établit, sur pièces originales, la filiation régulière et non interrompue de la maison de Montaignac depuis :

Premier dégré.

I. Jean, Ier du nom, baron de Montaignac, baron de l'Arfeuillère et seigneur de divers lieux en Limousin, dans la Marche et dans le Poitou, dont on a plusieurs actes, un entre autres de l'année 1398. Sa sœur, Sébille de Montaignac épousa, en 1412, Gaston de Gontaut, et lui porta la seigneurie de Lesparre. — Il épousa damoiselle Marguerite de Chassagne, dame d'Estançannes, dont il eut :

1° Guy qui suit;

2° Guillaume de Montaignac, marié à damoiselle Jeanne de Las-Lésès, et auteur d'une branche établie en Languedoc, et qui a donné un ambassadeur en Portugal sous Louis XIV. Un rameau de cette branche, dont nous ferons connaître plus loin la filiation, s'est fixée en Lorraine et subsiste à Sedan;

3°, 4°, 5°, Jean, — Louis, — et Jacques de Montaignac engagés dans les Ordres;

6° Marguerite de Montaignac, mariée à Etienne de Broglie.

7° Louise de Montaignac, mariée à Antoine de Codertz de Treynac;

8° Dauphine de Montaignac, qui épousa noble Jean de Mala Huga de l'Espinasse;

9° Catherine de Montaignac, mariée à noble Guillaume de Sédières de Sederia.

Deuxième dégré.

II. Gui de Montaignac, Ier du nom, baron de Montaignac et de l'Arfeuillère, seigneur d'Estançannes, décédé le 10 novembre 1473, est appelé *Nobilis et potens Dominus guido, miles*, dans des lettres de Charles VII, du 29 avril 1446. Il eut entr'autres enfants :

1° Jean qui suit ;

2° François de Montaignac, seigneur d'Estançannes, dont la postérité sera rapportée en son lieu ;

3° Jean de Montaignac, mariée à noble Claude de l'Ecluse ;

4° Marie de Montaignac, qui épousa Jean de Beaucaire.

Leur postérité a formé les alliances les plus illustres ; nous nous bornerons à en citer quelques-unes. Marie de Beaucaire, leur fille, épousa Sébastien de Luxembourg, prince des Martigues, duc de Penthièvre, pair de France, gouverneur et lieutenant général en Bretagne. — Ils eurent pour fille Marie de Luxembourg, mariée à Philippe de Lorraine, duc de Mercœur, et mère de Françoise de Lorraine, femme de César de Vendôme, fils de Henry IV, desquels est issue Isabelle de Vendôme qui épousa Gaston de Foix, duc de Nemours, et eut pour fille la reine de Portugal et la duchesse de Savoie. Marie de Montagnac fut donc la trisaïeule de la grande tante de Louis XIV.

Troisième dégré.

III. Jean de Montaignac, IIe du nom, chevalier, baron de Montaignac et de l'Arfeuillère, reçut un hommage de Jean de Montfiére, damoiseau, suivant un acte du 10 juillet 1469, et épousa, avant le 8 juillet 1480, noble Lyonne de Fournoulx, nièce de noble

Armes des Fournoulx échiqueté d'arge[nt] et de gueules.

Perrichon de Fournoulx, seigneur de Champagnac. De ce mariage il eut outre cinq filles :

1° Jacques qui suit ;

2° Antoine de Montaignac, abbé de Saint-Yrieix, suivant titres de 1545, 1553, 1562.

Quatrième dégré.

IV. Jacques de Montaignac, chevalier, baron de l'Arfeuillère, épousa, le 6 juillet 1518, damoiselle Catherine de Jounac, sœur de Jacques de Jounac, chevalier, seigneur des Rennades. Il mourut le 9 décembre 1539, laissant de ce mariage :

1° Gaspard qui suit ;

2° Louise de Montagnac, mariée à Hélyas de Fricon, seigneur de Villeloc, de Viville et de Cros ;

3° Gabrielle de Montaignac, qui épousa, le 22 mars 1533, noble Jean Thounet, seigneur de Richebert, en Auvergne ;

4° et 5° Anne et Jeanne de Montaignac.

Cinquième dégré.

V. Gaspard de Montaignac, écuyer, baron de l'Arfeuillère, capitaine de cent hommes d'armes, servit en cette qualité, en 1559, au camp d'Antoine de Bourbon, roi de Navarre; en 1567 à l'armée de M. de Conflans; en 1568 à celle du duc d'Anjou, et était, en 1574, maréchal général des logis de l'armée du comte des Cars. Il épousa, en 1553, damoiselle Hélène des Braudelles de Saint-Marsault, fille de messire des Braudelles de Saint-Marsault, seigneur du Verdier, gentilhomme ordinaire de la chambre du roi, et de Jeanne de Creux. Il mourut avant le 12 mars 1603, laissant de ce mariage :

1° Jean qui suit ;

2° François de Montaignac, gentilhomme de Marguerite de France, reine de Navarre, comme l'atteste un acte du 11 décembre 1583 ;

3° Jeanne de Montaignac, mariée à Antoine Bazin de Puyfoucaud, chevalier, seigneur de l'Esperonnière ;

4° Anne de Montaignac, mariée à François Hugon, chevalier, seigneur du Prat et de la Tricquerie, le 23 mai 1581.

Sixième dégré.

VI. Jean de Montaignac, IIIe du nom, chevalier, seigneur de l'Arfeuillère, maintenu dans sa noblesse par jugement du 22 février 1599, avait épousé, le 4 janvier 1582, damoiselle Claude de la Buxière, fille de messire François de la Buxière, chevalier, seigneur de la Couture et de Combrailles, et de Suzanne de Malheret.

Les Armes de la Buxière sont :
D'azur à la fasce d'or, *sommée* d'un lion *issant* et accompagnée en pointe de 3 coquilles mal ordonnées, le tout de même.

De ce mariage sont issus :

1° Gaspard qui suit ;

2° François de Montaignac, abbé de Sainte-Valérie, de Chambon ;

3° Claude de Montaignac, chevalier de Saint-Jean de Jérusalem, commandeur d'Echicarel, de la Raiserie, de Theureul en Poitou, et maréchal de l'Ordre. (Plusieurs pierres

sculptées existent encore à Rhodes sur divers monuments,

et prouvent que Claude de Montaignac est loin d'être le premier chevalier, de Saint-Jean de Jérusalem, du nom de Montaignac, quoiqu'il ne soit pas fait mention des autres dans la généalogie ;

4° Charles de Montaignac, chevalier de la Couture, commandeur de Lydorges ;

5° Jean de Montaignac, chevalier, seigneur de Maugarine, marié à damoiselle Marie des Coûts, dont il n'eût point d'enfants ;

6° Louis de Montaignac, chevalier, marié à damoiselle Jeanne de Lamaille, et mort aussi sans postérité ;

7° Catherine de Montaignac, prieure de Blessac, de l'ordre de Fontevrault ;

8° Marie de Montaignac, mariée le 2 décembre 1616, à François de Fougères, seigneur du Chiseau et du Creux.

Septième dégré.

Armes du Bernet : De gueules à un écusson d'argent, chargé d'un lion de gueules et accompagné de 8 coquilles d'or posées en orle.

VII. Gaspard de Montaignac, IIe du nom, chevalier, baron de l'Arfeuillère, seigneur de la Couture, Saint-Yrieix, Beaulieu, Lignières et autres lieux, baptisé le 1er août 1585, épousa, le 21 novembre 1608, damoiselle Diane du Bernet, fille de messire Raymond-Roger du Bernet, seigneur du dit lieu, gouverneur de Boulogne et du Boulonnais, et de dame Françoise-Claude de Courtenay, dame de Lignières, issue de la maison de France, comme il est dit au contrat.

Il acquit, le 4 avril 1629, le marquisat de Lignières, qui devint, en 1698, l'apanage de la branche cadette.

Sont issus de son mariage :

1° François qui suit ;

2° Jacques de Montaignac, reçu chevalier de Malte en 1623, puis commandeur des Bordes et de Theureul ;

3° Jean-Louis de Montaignac, chevalier de Malte, commandeur de Lignières en 1627, capitaine des vaisseaux du roi en 1637, contre-amiral en 1647, et qui entra en religion le 25 janvier 1652 ;

4° François de Montaignac, abbé de Sainte-Valérie de Chambon, fondateur des Genovefains de Riom ;

5° Rose de Montaignac, mariée à Antoine de Malheret, seigneur de Lussac.

Huitième dégré.

VIII. François de Montaignac, Ier du nom, chevalier, baron de l'Arfeuillère, seigneur de la Couture, Saint-Yrieix, Lignières et autres lieux, se présenta, pour son père, à l'assemblée de la noblesse de sa province, avec trois écuyers et huit chevaux, le 18 novembre 1635; il épousa, par contrat du 5 février 1637, damoiselle Gilberte de la Rochebriant, dame de Chauvance et d'Aubières, fille unique de messire Amable de la Rochebriant, seigneur de Chauvance et de Baune, et de Jeanne de Saint-Chamans. — Gilberte de la Rochebriant était issue de la maison de Joyeuse. Ce mariage apporta à la maison de Montaignac la baronnie d'Aubières et le comté de Chauvance, dont la branche aînée a toujours porté le titre depuis cette époque. — D'anciennes traditions, accréditées par de très-vieux manuscrits et des livres imprimés au XVIe siècle, attribuent à la maison de la Rochebriant de Chauvance l'honneur d'avoir

Armes de la Rochebriant : Ecartelé d'or et d'azur.

donné le jour à saint Amable, abbé et patron de Riom. — Quoiqu'il en soit, l'aîné de la maison de Montaignac-Chauvance a conservé, jusqu'en 1789, le droit de poser la main sur la châsse de ce saint, pendant la procession qui se faisait le jour de la fête patronale de la ville de Riom.

De ce mariage sont issus :

1° Gaspard de Montaignac, baron d'Aubières qui, de son mariage avec damoiselle Marie-Françoise de Mâcon, fille de Jacques de Mâcon, chevalier, seigneur du Chey, n'eut qu'un fils, Jean-Jacques de Montaignac, mort sans postérité ;

2° Amable, chef de la branche aînée des comtes de Chauvance et dont l'article suit ;

3° Claude de Montaignac, chevalier de Malte, commandeur de Theureul en 1653 ;

4° François de Montaignac, chevalier de Malte en 1674 ;

5° Autre François, chef de la branche cadette des marquis de Montaignac de Lignières, rapportée en son lieu ;

6° Gabrielle de Montaignac, mariée à Joseph de Thianges, chevalier de Lussac, grand-maître de la garde-robe.

Neuvième dégré.

IX. Amable de Montaignac, Ier du nom, comte de Chauvance et de la Rochebriant, baron de l'Arfeuillère et de Bord, seigneur de Saint-Yrieix et autres lieux, épousa, par contrat du 20 décembre 1684, damoiselle Antoinette du Peschin, dame de Bord, fille du noble et puissant seigneur messire du Peschin, baron de Bord et de Catherine de Montassiégé.

[A]rmes du Peschin : De gueules, à une [f]asce d'or, chargée [d]e 3 poissons d'azur.

Antoinette du Peschin descendait d'Imbault du Peschin, père de Jacquette du Peschin, qui épousa Bertrand VI, de la Tour d'Auvergne, maria sa fille Gabrielle de la Tour d'Auvergne à Louis de Bourbon, comte de Montpensier, et fut trisaïeule de Marie de Médicis. Jacquette du Peschin était cousine germaine de Dauphine d'Auvergne, première femme dudit Louis de Bourbon; elle était sœur de Françoise du Peschin, qui épousa Armand de Montlaur, baron de Polignac, petit-fils de Mascarone de Montaigu.

De ce mariage sont issus :

1° Amable Gaspard qui suit ;

2° Catherine de Montaignac, mariée à messire N. de la Mousse, écuyer, seigneur de Baune ;

3° Anne de Montaignac, dite mademoiselle de la Rochebriant, morte à Riom en 1772 ;

4° Joseph de Montaignac, chevalier, capitaine au régiment de Chartres, chevalier de Saint-Louis, marié à Françoise-Esther de Bernon, mort à Montluçon en 1756 ;

5° Claude de Montaignac, chevalier de Malte ;

6° Gabriel de Montaignac, chevalier de Malte, commandeur de Villefranche ;

7° Gilbert de Montaignac, de Chauvance, de Bord, grand-croix, grand-maréchal et gouverneur de Malte, grand prieur de la langue d'Auvergne ; élu, en 1774, grand maître de l'ordre, il se démit magnanimement de cette dignité souveraine, alléguant son grand âge. Il désigna le bailli de Rohan, qui fut élu. — (Archives de Malte. — *Gazette de France*, du 5 février 1776.)

Dixième dégré.

X. Amable Gaspard, comte de Montaignac, de Chauvance et de la Rochebriant, seigneur de Bord, du Plaix et autres lieux, fut, en 1702, page du roi Louis XIV, en sa grande écurie, et testa le 11 mars 1759.

Il avait épousé, par contrat du 7 mai 1729, damoiselle Jeanne Cadier de Veauce, fille de Michel Cadier, baron de Veauce, seigneur de la Brosse.

Armes de Cadier de Veauce : D'azur, à une rencontre de cerf d'or, ramée de dix cors.

De ce mariage sont issus :

1° Amable qui suit ;

2° Gilbert-Amable de Montaignac, capitaine aux dragons de Chapt, commandeur de Villefranche et de Maisonnice, mort à Lyon ;

3° Autre Gilbert-Amable de Montaignac, chevalier de Malte, qui succéda aux commanderies de son frère, et mourut en 1798 ;

4° Anne de Montaignac, mariée en 1769, à messire François de Barathon.

Onzième dégré.

XI. Amable de Montaignac, IIe du nom, comte de Montaignac de Chauvance et de la Rochebriant, seigneur de Bord, du Plaix et autres lieux, né en 1733, fut page de Stanislas roi de Pologne, en 1749, officier au régiment de Thianges (cavalerie), puis capitaine aux dragons de Chapt en 1758, et chevalier de St-Louis.

Il fit la guerre de sept ans à la tête d'une compagnie levée et entretenue à ses frais, se distingua au siége de Munster, à la bataille de Warbourg, et décida la victoire à l'affaire de Johannisberg, dite des Salines, où il chargea et culbuta l'ennemi à la tête des troupes qu'il commandait. — Le comte de Montaignac, mort en 1804, avait épousé : 1° par contrat du 27 janvier 1755, demoiselle Marie-Gabrielle de la Mousse, fille de Nicolas de la Mousse, seigneur de la Mousse et de Baune, et de Marie-Anne de Montaignac ;

Les armes de la Mousse sont : De sable au lion d'argent, armé, lampassé et couronné de gueules à un chevron de même brochant sur le tout.

2° Et par contrat du 3 juin 1771, demoiselle Marie-Elisabeth Perrot, seigneur d'Estivareilles, fille de Jean-Raymond Perrot, seigneur d'Estivareilles, chatelain de Tyson.

Il a laissé de ces deux mariages :

Du premier lit :

1° Gilbert-Claude de Montaignac de Chauvance, capitaine des vaisseaux du roi, qui fit les campagnes de l'Inde sous les ordres du bailly de Suffren', et mourut en 1815 sans avoir été marié ;

2° Gilbert-Amable de Montaignac, commandeur de Villefranche ;

3° Alexandre, dont l'article suit ;

4°, 5°, 6°, 7°, 8°, 9°, six filles, dont l'une mariée à messire Philippe de Montluc du Vernet ;

Et du second lit :

10°, 11° Zoé et Sophie de Montaignac ;

12° Raymond Aimé de Montaignac de Chauvance, né le 9

rmes des de Raffin: Coupé au 1er d'azur la fasce d'argent, ccompagné en chef e 3 étoiles d'or; au e d'argent à deux ıves de gueules, au hef de la Religion.

novembre 1778, a épousé, le 21 mai 1810, demoiselle Anne de Raffin, fille du comte de Raffin de la Raffinie d'Auterive, officier aux gardes du roi Louis XVI, seigneur de la Jourdanie, et de dame Marie-Louise Bodinot de la Salle;

De ce mariage sont issus :

1° Louis-Raymond, chef de la branche cadette, dont l'article viendra (XIIIe dégré) après celui de la branche ainée;

2° Gilbert-Palamède de Montaignac, de Chauvance, marié le 28 décembre 1842, à demoiselle Laure de la Grange, dont il a :

A. Marie-Sophie de Montaignac, née en 1846;
B. Claire-Félicité de Montaignac, née en 1849;
C. Louise de Montaignac, née en 1852;

3° Jean-Baptiste-Amable de Montaignac de Chauvance, marié, en 1853, à demoiselle Marie Daviès de Gwisanney, dont il a :

A. Louis de Montaignac, né en 1855;

4° Anna de Montaignac, mariée au comte Jules de Kergaradec, officier supérieur d'infanterie;

5° Louise-Félicité de Montaignac;

6° Charles-Nicolas-Jules de Montaignac de Chauvance.

13° Félicité de Montaignac;

14° Hyppolite de Montaignac, chevalier, directeur des lignes télégraphiques, marié, en 1826, à demoiselle Antoinette de Damoiseau, dont il a eu : Christine de Montaignac, née en 1830;

15° à 19° cinq autres enfants, morts sans postérité.

Douzième dégré.

XII. Alexandre, comte de Montaignac de Chauvance,

né le 2 décembre 1769, chevalier de Malte, non profès, (le 19e de son nom) officier au régiment du Maine (infanterie), chevalier de Saint-Louis et propriétaire des terres et châteaux de Saint-Sandoux, la Couture et Entraigues, a épousé, en 1808, demoiselle Clarisse de Chateauvieux.

Les Armes des Chateauvieux sont: Ecartelé au 1er et et 4e d'azur à trois fasces ondées d'or, au 2e et 3e d'azur à une fleur de lys d'or.

Il eut de ce mariage six enfants :

1° Antonie de Montaignac, mariée au comte de Sereys ;

2° Améline de Montaignac, mariée au comte de Vichy ;

3° Sidonie de Montaignac, mariée au baron du Couffour ;

4° Mélone de Montaignac, mariée au comte de Bar ;

5° Emmanuel de Montaignac, qui suit ;

6° Mathilde de Montaignac, mariée au vicomte du Buysson du Vernet.

Treizième degré.

XIII. Emmanuel comte de Montaignac de Chauvance, né en 1820, propriétaire de la terre de la Couture (Creuse), chef de nom et d'armes de la branche aînée de la maison de Montaignac.

BRANCHE CADETTE.

XIII. Louis-Raymond, marquis de Montaignac de Chauvance, capitaine de vaisseau, officier de la Légion-d'Honneur, commandeur du Medjidié de Turquie, devenu chef de la branche cadette par la mort d'Antoine-Etienne marquis de Montaignac de Lignières. — Il a épousé, le 21 mai 1844, demoiselle Marie-Louise-Sabine Gaillard de Ferré d'Auberville, fille d'Adolphe Gaillard de Ferré, comte d'Auberville, et de Marie de Montaigu-Beaune.

Armes des de Gaillard de Ferré-d'Auberville : D'azur au chevron d'argent accompagné de 3 croix patées de même.

Nota. — Marie de Montaigu est, par son père, arrière petite-fille de *Laure* de Fetz-James, fille de Jacques-Stuart, duc de Berwick, maréchal de France, grand d'Espagne, fils de Jacques II, roi d'Angleterre.

Elle est, par sa mère, petite-fille de Paul, duc de Noailles et d'Ayen.

De ce mariage sont issus :

1° Jeanne-Marie de Montaignac, née le 2 mai 1845 ;

2° Marie-Marthe de Montaignac, née le 19 juillet 1846 ;

3° Gérard-Léon de Montaignac, né le 15 octobre 1848 ;

4° Amable-Renauld de Montaignac, né le 23 avril 1851 ;

5° Anna-Maria de Montaignac, née le 12 avril 1854.

Branche des marquis de Montaignac de Lignières

ÉTEINTE EN 1824.

Neuvième degré.

IX. François, marquis de Montaignac de Lignières, chevalier, seigneur de Beaulieu, Puy-la-Mote et autres lieux, cinquième fils de François de Montaignac, comte de Chauvance, et de Gilberte de la Rochebriant, épouse, en 1698, demoiselle Marie de Salvert, fille d'Antoine de Salvert, chevalier, seigneur des Rosiers.

De ce mariage est issu :

Dixième degré.

X. Antoine marquis de Montaignac de Lignières, chevalier, mousquetaire de la garde du roi, marié, le 16 août 1756, à damoiselle Antoinette de Lastic, fille de François, marquis de Lastic et comte de Siongeac, maréchal de camp, et de dame Camus de Pontcarré.

Ils eurent pour enfants :

1° Antoine-Etienne qui suit ;

2° Marie-Anne-Françoise de Montaignac, mariée, le 16 juin 1779, au comte de Lordaz, chevalier non profès de l'ordre de Saint-Lazare ;

3° Madeleine-Hélène de Montaignac, mariée, en 1783, au marquis de Conzié.

Onzième degré.

XI. Antoine-Etienne, marquis de Montaignac de Lignières, chevalier, seigneur de la Couture, Aubières, Saint-Sandoux, Entraigues, Beaulieu, Anteyrat, Peuchant, Montmoirat et autres lieux, né le 29 septembre 1764, fit, devant le généalogiste des ordres du roi, les preuves de la maison de Montaignac pour les honneurs de la cour, auxquels il fut admis les 14 novembre 1783, 12 novembre 1784 et 8 mai 1786. — Il épousa, le 23 novembre 1784, demoiselle N... de Chapt de Rastignac, dame d'honneur de Madame la comtesse de Provence. Il mourut sans postérité, en 1824, après avoir institué pour son héritier Alexandre, comte de Montaignac de Chauvance, qui était alors chef de nom et d'armes de la maison de Montaignac.

Le titre de marquisat, apanage de la branche cadette, a passé à Louis-Raymond de Montaignac de Chauvance, chef de cette branche (XIIIe degré).

Branche des seigneurs d'Estançannes.

Troisième degré.

III. François de Montaignac, chevalier, baron de Montaignac, seigneur d'Estançannes près St-Chabrais, second fils de Guy Ier, baron de Montaignac et de l'Arfeuillère, seigneur d'Estançannes, naquit en 1444. Il fut l'ami et le fidèle compagnon de son suzerain le connétable de Bourbon, la seconde personne du royaume.

Il le suivit en Italie et le reçut dans ses bras, lorsqu'il fut tué au siége de Rome.

Il commandait, comme gouverneur de Milan, un corps d'armée à la bataille de Pavie.

François de Beaucaire, évêque de Metz, filleul et beau-frère de François de Montaignac, a laissé la preuve de l'illustration de cette maison, au XVIe siècle, dans un ouvrage latin sur l'histoire de son temps, qu'il écrivit dans sa retraite au château de Creste, près Montluçon, et qui fut depuis imprimé à Lyon *(Voir Moreri)*. Dans cet ouvrage, François de Beaucaire raconte ainsi la fuite du connétable :

« Charles de Bourbon, quoique bien fortifié à Chantelle, ne se trouva pas assez fort contre l'armée du » roi. Il sortit donc de ce château dans la nuit du 18 » septembre 1523, pour se rendre en Italie. François » de Montaignac d'Estançannes, mon parrain, prit » l'armure, le cheval et toute la suite du prince, et, » avant le jour, il alla remercier et congédier son armée » et se retira ensuite à Péguillon (près Montmarault), » et demeura caché chez mon frère Jean de Beaucaire, » un mois et demi, puis rejoignit le connétable en » Italie. »

François de Montaignac, poursuivi et condamné par contumace, resta fidèle à son suzerain malheureux et mourut peu de temps après lui en 1527. Il avait pour devise : *loyauté n'a honte.*

Un article spécial du traité de Madrid lui avait rendu ses biens, titres, honneurs et priviléges.

Il fut père de :

Quatrième degré.

IV. Antoine de Montaignac, chevalier, baron de Montaignac, seigneur d'Estançannes, Saint-Yrieix et autres lieux, qui rendit hommage pour son père au duc de Bourbon en 1511, et assista à l'assemblée des Etats du comté de la Marche, à Guéret, le 7 avril 1521.

De son mariage avec demoiselle Anne de Rouillac il laissa :

Cinquième degré.

V. Charles de Montaignac, chevalier, baron de Montaignac, seigneur d'Estançannes, Saint-Yrieix, Sédières, Marceillac et autres lieux, épousa, en 1538, damoiselle Marguerite de Duras, dont il eut :

1° Charles de Montaignac, chevalier, baron de Montaignac, seigneur de Sédières, Boignac, La Farge, Saint-Etienne, Marceillac, Saint-Yrieix et autres lienx, lieutenant du duc de Ventadour, lieutenant-général en Languedoc.

Il eut de son mariage avec damoiselle Marthe de Noailles :

A. Pierre de Montaignac, baron de Montaignac, seigneur de Sédières et autres lieux, marié à Françoise de Saint-Aignan, à laquelle il avait été fiancé par acte du 11 décembre 1599, en présence de la comtesse d'Auvergne et de la duchesse de Ventadour. Après sa mort, sans postérité, la baronnie de Montaignac passa à son oncle Jean-Louis, qui suit, et la seigneurie de Saint-Yrieix à son cousin Gaspard de Montaignac de la branche aînée.

2° Jean-Louis, dont l'article suit;

3° Sébastien de Montaignac, chevalier, seigneur de Roche-neuve, des Bordes, du Ludais et autres lieux, marié à damoiselle Rose de Saint-Julien et mort sans postérité;

4° Marguerite de Montaignac, dame d'Estançannes, mariée, en 1575, à Jacques Meuron, chevalier, seigneur de Bord, auquel elle apporta la terre d'Estançannes et le droit obtenu, de ses frères, de porter le nom et les armes de Montaignac. Elle est ainsi devenue la souche de la branche des Montaignac de Cluys, rapportée ci-après.

Sixième degré.

VI. Jean-Louis de Montaignac, chevalier, baron de Montaignac, capitaine de cinquante hommes d'armes, chambellan du roi, et qualifié son cousin dans plusieurs lettres qu'il en reçut, porte dans les actes le titre de haut et puissant seigneur. A la sollicitation des habitants de la ville de Tulle, dans le temps des guerres que leur fit le vicomte de Turenne, il leva la bannière, marcha à la tête de ses vassaux et amis contre l'armée du vicomte, repoussa ses gens jusqu'à Brives, et délivra la ville de Tulle de leurs vexations.

De son mariage avec damoiselle Jeanne de Beynac, dame de Montbat, il eut une fille unique :

Marie de Montaignac, mariée, en 1606, à Charles de Gain, baron de Linars. Devenue veuve, elle épousa, en secondes noces, Antoine de Chabannes, fils du marquis de Curton. Elle est la souche de la branche de Gain de Montaignac qui suit :

Branche des marquis de Gain de Montaignac.

La maison de Gain est une des plus anciennes du royaume. Elle remonte à Guy de Gain, vivant en 1056, et sa filiation est établie depuis Emery de Gain, en 1215. Cette maison est alliée à celle des Chamborand, de Lastours, de Gontaut-Biron, d'Aubusson, de Noailles, des Cars, de Foix, et par celle-ci à la maison royale de France.

Charles de Gain, baron de Plaigues, marquis de Montaignac, par suite de son mariage contracté, comme on l'a vu ci-dessus, en 1606, avec Marie, dame de Montaignac, fille et héritière de Jean-Louis de Montaignac, adopta le nom de cette famille, ce qui prouve la haute considération dont elle jouissait à cette époque.

Il eut pour fils :

Jean-Louis de Gain, marquis de Montaignac, mestre de camp d'un régiment de son nom, (infanterie). — On peut voir la suite de la généalogie de cette branche dans le dictionnaire de la noblesse de Lachesnaye-Desbois, article Gain.

Le dernier marquis de Gain de Montaignac était écuyer de Louis XVIII ; son frère était gouverneur du château de Pau. La comtesse de Gain de Montaignac était sous-gouvernante des Enfants de France en 1830. Sa fille a épousé, en 1845, le baron de Montbel, ancien ministre de Charles X.

Branche des comtes de Cluys, issue de celle de Montaignac-d'Estançannes.

Sixième degré.

VI. Marguerite de Montaignac, dame d'Estançannes, fille de Charles, baron de Montaignac, et de Marguerite de Duras, ayant épousé, comme on l'a vu en 1575, Jacques Meuron, chevalier, seigneur de Bord, fils de Guillaume-Jacques Meuron, seigneur de Bord, et de Catherine de la Roche-Aymon. Jacques Meuron obtint, de ses beaux-frères, l'autorisation de prendre le nom et les armes de Montaignac.

De ce mariage est issu :

Septième degré.

VII. Gabriel de Montaignac, chevalier, seigneur d'Estançannes, qui fut maintenu dans sa noblesse par arrêt de l'an 1634. Il avait épousé, en 1603, noble damoiselle Claire Faure, dont il eut :

Huitième dégré.

VIII. Geoffroy-César de Montaignac, chevalier, seigneur d'Estançannes, capitaine de cent hommes d'armes, en 1644, mort en 1658. Il avait épousé, en 1640, damoiselle Marie-Renée le Bigot de Gastine.

De ce mariage sont issus :

1° Anne de Montaignac;

2° Marguerite de Montaignac;

3° Nicolas qui suit :

Neuvième degré.

IX. Nicolas de Montaignac, chevalier, seigneur d'Estançannes, né en 1643, fut nommé en 1666 chevalier de l'ordre du roi, et admis par le comte de Nérestang, commis par la grande maîtrise de l'ordre sur preuves de huit générations d'une noblesse non interrompue, lui présenté non compris.

Il eut pour fils :

1° Louis-Gabriel de Montaignac, comte d'Estançannes, qui épousa, en 1693, damoiselle Marie-Albert de Gaucourt, fille de Guillaume de Gaucourt, marquis de Cluys, et de Catherine de Turpin de Crissé, et mourut sans postérité;

2° N... de Montaignac qui suit :

Dixième degré.

X. N. de Montaignac, comte d'Estançannes, eut d'une alliance dont les titres ont disparu :

Onzième degré.

XI. Gabriel-Nicolas-Sylvain de Montaignac, comte d'Estançannes, lieutenant-général, cordon rouge et gouverneur du Berry. — Il épousa damoiselle Albertine-Charlotte de Gaucourt, dame de Cluys, fille de Raoul-Sylvain de Gaucourt, et de Marie de Murcey, nièce de madame de Maintenon. Elle était petite-fille de Charles VIe du nom, comte de Gaucourt, frère aîné de Guillaume de Gaucourt cité plus haut.

De ce mariage sont issus :

1° Henri-Nicolas-Joseph de Montaignac, marquis d'Estançannes, mort sans postérité ;

2° Gabrielle-Alberte de Montaignac, mariée à Charles-Alexandre, marquis de l'Estranges ;

3° Edme-Henry qui suit :

Douzième degré.

XII. Edme-Henry de Montaignac, comte d'Estançannes, premier page de la reine, a épousé demoiselle de Valicourt, de laquelle il a eu :

1° Henri de Montaignac ;

2° Charles, dont l'article suit ;

3° Alphonsine de Montaignac, mariée, le 29 septembre 1836, au comte Charles-Eugène-Marie Chaton des Morandais.

Treizième degré.

XIII. Charles, comte de Montaignac, a épousé demoiselle Adrienne de Préval.

Sont issus de ce mariage :

1° Maurice de Montaignac ;

2° Thécla de Montaignac ;

3° Valentine de Montaignac, morte ;

4° Jean de Montaignac.

Branche de la maison de Montaignac établie en Languedoc et en Lorraine.

Cette branche, qui a adopté l'orthographe *Montagnac*, est issue de Guillaume de Montaignac, deuxième fils de Jean 1er de Montaignac, et de Marguerite de Chassagne, lequel ayant épousé, comme il est dit plus haut, damoiselle Jeanne de Las-Lésès, forma une branche qui se répandit en Languedoc et dont un rameau donna un ambassadeur en Portugal, sous Louis XIV. La filiation de cette branche est établie par d'Hozier de Sérigny, de 1583 à 1739, ainsi qu'il suit :

Mathelin de Montagnac, seigneur de Tannes, bailli et juge royal de la ville de Montagnac, fils de Blaise de Montagnac, épousa Jeanne de Mandagourt, 1586.

Jacques de Montaignac, leur fils, est déclaré noble

et issu de noble race, en conséquence des titres qu'il avait représentés depuis l'an 1482, par une ordonnance signée Bazin de Bezons, 1669.

De son mariage avec Marie Gallizian 1633, il eut :

Noble Mathieu-Mathelin de Montagnac, qui reçut le baptême de la religion prétendue réformée, le 23 mars 1641, en la ville de Montagnac.

Du mariage de Mathieu-Mathelin de Montagnac et de Jeanne du Champ 1674, naquit :

Jacques de Montagnac, seigneur de Tannes, qui fut baptisé le 10 décembre 1672, à l'église réformée.

Il épousa :

1° Nicole Patois, à l'église paroissiale de St-Etienne de la ville d'Agde, 1714 ;

2° Marie Martrin de Donnos, dans la chapelle des religieuses de la ville d'Agde, 1717. Il fut chevalier des ordres de Notre-Dame de Mont-Carmel et de St-Lazare de Jérusalem, consul général de la nation française en Portugal et chargé des affaires du roi dans la dite cour.

De son mariage avec Marie Martrin de Donnos, sont issus :

1°, 2°, Marie-Gabrielle de Montagnac et Françoise-Marie-Louise de Montagnac, reçues sur preuves à St-Cyr ;

3° Louis-Laurent-Joseph de Montagnac, mort au service.

Un second rameau de la même branche a été formé par Jean de Montagnac (surnommé Ferrozin), chevalier, seigneur de Champferrat et capitaine de cinquante hommes d'armes.

La filiation de cette branche est ainsi rapportée dans le dictionnaire de la noblesse de la Chesnaye-des-Bois, jusqu'en 1760.

Jean de Montagnac épousa, à Crest, en Dauphiné, l'an 1626, damoiselle Suzanne d'Arnoux.

Jean-Antoine de Montagnac, leur fils, né le 30 juillet 1628, capitaine au régiment de Senneterre, aide-de-camp de M. de Laferté, et plus tard lieutenant pour le roi du fort de St-André-Villeneuve-les-Avignon, alla se fixer en Lorraine où il se maria.

Il épousa, le 2 décembre 1649, demoiselle Antoinette George, d'une famille noble de Nancy, et en eut deux fils, savoir :

1° N. de Montagnac, capitaine au régiment Dauphin, tué à la guerre ;

2° Joseph-Antoine de Montagnac qui suit :

Joseph-Antoine de Montagnac, chevalier, seigneur d'Audun, entra lieutenant au régiment Dauphin (infanterie), après la conquête de la Franche-Comté en 1674, fut fait capitaine en 1680, capitaine de grenadiers en 1695, commandant de bataillon en 1704 et lieutenant-colonel en 1707. Il avait, en 1705, obtenu de Sa Majesté la lieutenance du roi du fort de St-André-Villeneuve-lès-Avignon, et avait été fait chevalier de St-Louis à la création de cet ordre. — Il reçut la croix (la deuxième qui fut donnée) des mains du roi, pour s'être avantageusement distingué, surtout à la défense de Namur. « Le journal du siége de Namur fait foy qu'il fit plus tomber d'ennemis qu'on ait fait par aucune sortie. C'est le témoignage honorable qu'en a rendu M. le maréchal de Boufflers en présence de tout l'état-major et au roi. » — Il épousa, en 1683, demoiselle Suzanne Redoubté de Remiremont, dame vouée d'Attigny après la mort de Joseph-Antoine de Montagnac, nièce de la marquise douairière de Haraucourt qui, retirée dans ses terres, près de Metz, y fit venir sa nièce et sa famille. — C'est depuis cette époque que cette branche de Montagnac subsiste à Metz.

Leurs enfants furent :

1° Pierre-Joseph qui suit ;

2° Thomas-Hyacinthe-Henri de Montagnac, qui entra dans le régiment de l'Ile de France en 1720 ; il fut fait capitaine en 1739, major en 1746, chevalier de Saint-Louis la même année, et lieutenant-colonel en 1748, jusqu'en 1763, année que le régiment de l'Ile de France a été réformé. Il épousa, à Nancy, en 1732, damoiselle Marguerite-Louise de Faugières de Vaseilles d'une famille noble, de laquelle il eut :

A. Charles-Hyacinthe, entré en 1757 dans le régiment de l'Isle de France, où il devint lieutenant. Il passa lieutenant en pied au régiment des grenadiers de France, et épousa demoiselle N. de Coudenhou, ci-devant chanoinesse de Bouxières, en Lorraine ;

B. Une fille, N. de Montagnac ;

c. Marie-Anne, dite Mademoiselle de Montagnac;

d. Thérèse, religieuse à l'abbaye du Préz au Mans, sur preuves de noblesse.

3° Le chevalier N. de Montagnac, lieutenant-colonel au régiment de l'Ile de France, lors de la réforme de ce corps, retiré à Nancy où il est mort;

4° Un autre frère qui portait le titre de comte de Montagnac. — Il avait été lieutenant-colonel de dragons, et est mort par suite de blessures reçues à la guerre, comme colonel de cuirassiers au service de l'impératrice mère;

5°, 6°, et 7° Trois filles; l'aînée, mariée en 1717 au baron de Baune, capitaine de cavalerie au régiment d'Alsace; la seconde, religieuse à la congrégation de Pont-à-Mousson, et la troisième à l'abbaye royale de Ste-Glassinde de Metz, où elle fut reçue sur preuves de noblesse.

Pierre-Joseph de Montagnac, chevalier, seigneur de La Moncelle, du Contaunois et d'Hubervillers, d'abord nommé officier au régiment Dauphin, en 1704, est entré, le 6 mars 1714, sous-lieutenant dans le régiment de Rouergue, a été enseigne de la Colonelle dans le régiment de l'Isle de France, le 13 mars suivant; lieutenant de la mestre-de-camp, en 1722; capitaine, en 1724; chevalier de St-Louis, en 1741; major, le 2 février 1745; lieutenant-colonel, le 23 juillet même année; puis lieutenant pour le roi, et commandant au gouvernement de Longwy, le 20 février 1748; Léopold, duc de Lorraine, l'avait fait, le 17 février 1725, sous-lieutenant de chevau-légers de sa garde, et le 23 avril 1743, colonel général des milices de la souveraineté de Sedan. Il avait épousé, le 28 février 1736, demoiselle

Marie Blocteur, avec laquelle il a acquis une terre de haute justice, nommée La Moncelle (la plus ancienne de la principauté de Sedan), dont il est seigneur ainsi que du Contaunois.

De ce mariage sont issus :

1° François-Joseph qui suit ;

2° Le chevalier Louis de Montagnac, né en 1744, capitaine au régiment de Limousin le 20 mai 1762, mort en 1766.

François-Joseph de Montagnac, chevalier, haut justicier des terres de La Moncelle et du Contaunois, né en 1741, gouverneur de Longwy, colonel général des milices du gouvernement de Sedan et capitaine en pied au régiment de Limousin, épousa, en 1767, demoiselle Luce-Louise de Cazamajor de Montclarel, d'une famille noble.

Armes des de Cazamajor de Montclarel

Mi-partie au 1er d'azur à la montagne à six copeaux de sinople, surmontée d'une tour crénelée d'argent, au 2e de gueules à 2 vaches d'argent passant. Au chef d'azur à trois étoiles d'or.

Sont issus de ce mariage :

1° François-Joseph-Marie de Montagnac qui suit :

2° Bernard-Henri-Joseph, chevalier de Montagnac, qui joignit l'armée de Condé, à Worms, avec son frère aîné, le 17 juillet 1791, entra dans la compagnie de Neustrie, des chasseurs nobles, fit les campagnes de 1792, 93, 94, 95, 96 et 97. Rentré en 1797 en France, où le rappelaient des affaires de famille, il s'engagea volontairement au 6e chasseurs à cheval, et en sortit avec une retraite par suite de blessures.

Il entra plus tard dans les forêts, et prit sa retraite comme sous-inspecteur.

Il avait été fait chevalier de St-Louis en 1821. — De son mariage avec Caroline Chardron, il n'eut pas d'enfants ;

3° Louis-Joseph de Montagnac, capitaine des grenadiers au 6e régiment de la garde royale, chevalier de la Légion-d'Honneur et de St-Louis, mort à Paris en 1817 ;

4° Eugène-Henri-Joseph de Montagnac, capitaine de chasseurs à cheval, chevalier de St-Louis, de la Légion-d'Honneur et de St-Ferdinand d'Espagne ;

5° Joséphine de Montagnac ;

6° Thérèse de Montagnac ;

7° Caroline de Montagnac, mariée à Charles-Alexandre de Golbéry, colonel de gendarmerie, officier de la Légion-d'Honneur et chevalier de St-Louis ;

8° Pauline de Montagnac.

François-Joseph-Marie de Montagnac, né à La Moncelle, le 7 août 1769, entra au régiment de Bourbonnais (infanterie), en qualité de cadet gentilhomme, le 15 septembre 1784, fut fait officier dans la même année. Il joignit l'armée de Condé à Worms, le 17 juillet 1791, entra dans la compagnie de Neustrie, n° 6 des chasseurs nobles, passa, en avril 1794, en qualité de cadet, comme maréchal-des-logis dans le régiment de Rohan.

Blessé d'un coup de feu à travers la poitrine à l'affaire de Limbourg, dans la campagne de 1795, il fut nommé officier la même année. En 1797 les hussards de Rohan furent réunis au régiment des chasseurs à cheval de Bussy. En 1799 le régiment des chasseurs à cheval de Bussy fut licencié et réparti dans différents régiments autrichiens.

Joseph-Marie de Montagnac, par suite de cette répartition, entra dans le régiment de Kschaloriusky (cuirassiers), en qualité de lieutenant. Ce régiment ayant subi le même sort que celui des chasseurs de Bussy, Joseph-Marie de Montagnac passa avec son grade de lieutenant dans le régiment de Mélasse (dragons).

Il revint en France avec une permission de 6 mois. Des affaires de famille l'obligeant à y rester, il demanda sa démission à Sa Majesté l'Empereur d'Autriche, qui la lui accorda avec l'autorisation de porter l'uniforme des dragons de Mélasse dont il faisait partie, dans le cas où il voyagerait dans ses états. Nommé chevalier de l'ordre royal et militaire de St-Louis, le 2 février 1815, il fut reçu par son altesse royale monseigneur le comte d'Artois, et nommé par lui colonel chef d'état-major de la garde nationale du département des Ardennes, le 6 juin 1817. Il avait été fait chevalier de l'ordre de l'Aigle-Rouge de Prusse en 1802.

Il épousa Victoire Chardron, fille de François Chardron et de demoiselle Bechet de Balan.

Armes des Chardron D'azur à un chardon d'or.

De ce mariage sont issus :

1° Lucien-François de Montagnac, né le 17 mai 1803, à Pouru-au-Bois (près Sedan), sorti de l'école royale militaire en 1821 ; fut fait chevalier de l'ordre de Charles III d'Espagne en 1823. Il refusa au roi la croix de la Légion d'Honneur qu'il avait méritée pendant les journées du 5 et 6 juin 1832. Fut promu de nouveau au grade de chevalier de la Légion-d'Honneur, le 4 juillet 1840. Passé capitaine le 28 janvier 1836, il entra, à la fin de cette année, en Afrique avec son régiment, le 1er de ligne. Le 14 juillet 1841, il fut nommé chef de bataillon au 61e de ligne ;

Le général de Lamoricière, voulant le conserver dans sa brigade, obtint alors du gouverneur-général l'autorisation de lui confier le commandement d'un bataillon formé uniquement de grenadiers el de voltigeurs ;

Quatre fois à la tête de cette troupe d'élite, il se fit signaler dans les ordres du jour de l'armée ;

Il fut nommé lieutenant-colonel, au 15e léger, le 10 mars 1844. Fut investi du commandement supérieur du cercle de Djemmah-Gazouath (Nemours), et périt victime du guet-à-pens de Sidi-Brahim, le 22 septembre 1845 ;

Il a laissé un fils : Charles de Montaignac, officier d'infanterie, décoré de Turquie ;

2° André-Joseph-Elizé de Montagnac qui suit ;

3° Anna-Joséphine-Caroline de Montagnac, mariée à Charles de Gallier de St-Sauveur, ancien officier de chasseurs à cheval ;

4° Hortense de Montagnac, mariée à Charles-Gabriel Rousseau de Givonne, officier général au service de la Russie ;

5° Célestine-Françoise-Thérèse de Montagnac, mariée à Gaston Durand de Villers, officier du génie, chevalier de la Légion-d'Honneur ;

6° Eugénie-Charlotte de Montagnac.

Les Armes ...es du Rotois sont : D'argent au che...ron d'azur accom...agné de 2 alerions ...n tête et d'une rose ...n pointe.

André-Joseph-Elizé de Montagnac, chevalier de la Légion-d'Honneur, naquit le 17 août 1808. Il épousa, le 5 janvier 1835, demoiselle Clémence du Rotois.

Sont issus de ce mariage :

1° Elizé-Louis de Montagnac, né le 25 novembre 1835 ;

2° Jeanne-Joséphine de Montagnac, née le 20 octobre 1839 ;

3° Lucien-Joseph de Montagnac, né le 24 juin 1848.

D'après plusieurs auteurs, les armes de la maison de Montagnac seraient de sable au sautoir d'argent, accompagné de 4 molettes d'éperon de même. — On trouve aussi quelquefois pour la devise de cette maison :

Virtus mihi numen et ensis.

SEDAN. — IMP. DE G. DEMEURAT.

www.ingramcontent.com/pod-product-compliance
Ingram Content Group UK Ltd.
Pitfield, Milton Keynes, MK11 3LW, UK
UKHW032010260826
14628UKWH00005B/2399

9 782012 869301